CATALOGUE

DES

TABLEAUX

AQUARELLES, DESSINS, PASTELS

Par

APPIAN, BOUDIN, JOHN-LEWIS BROWN, BOUGUEREAU, BOGGS, CHAIGNEAU,
COURBET, COROT, CICÉRI, CHÉRET, DAUBIGNY,
DUEZ, DELPY, FANTIN-LATOUR, FRANÇAIS, FURT, FLERS,
GUILLOUX, GUYS, HUGONNET,
HUBERT-ROBERT, HERMAN-PAUL, INNOCENTI, LÉPINE, LUMINAIS, MONTICELLI,
MICHEL, MEISSONIER, JULES NOEL, PERBOYRE, PAPELEU,
LÉON RICHET, ROQUEPLAN, TANZI, STEINLEN, TASSAERT, TEN CATE,
TROUILLEBERT, TOUDOUZE, VOGLER,
WILDER, VEILLET, VINCELET, VEYRASSAT, WILLETTE, ZIEM, ETC., ETC.

TABLEAUX ANCIENS

DE DIFFÉRENTES ÉCOLES

dont la vente aux enchères publiques aura lieu

HOTEL DROUOT, SALLE N° 8

LE LUNDI 25 AVRIL 1910

à deux heures

Par le ministère de Mᶜ **É. ORIGET**, Commissaire-Priseur
3, boulevard de Sébastopol

Assisté de **M. CAMENTRON**, Expert près les Douanes françaises
43, rue Laffitte

Chez lesquels se distribue le Catalogue.

EXPOSITION PUBLIQUE

Le Dimanche 24 Avril 1910, de deux heures à six heures

CONDITIONS DE LA VENTE

Les acquéreurs paieront comptant, plus *dix pour cent* en sus des enchères.

L'exposition mettant le public à même de se rendre compte des œuvres mises en vente, aucune réclamation ne sera admise une fois l'adjudication prononcée.

Paris. — Imp. de l'Art, Ch. Berger, 41, rue de la Victoire.

DÉSIGNATION

TABLEAUX

APPIAN

1 — *Environs de Toulon.*

    Signé.

        Haut., 1 mètre; larg., 1 m. 65 cent.

BERGERET

2 — *Nature morte.*

    Signé.

        Haut., 28 cent.; larg., 46 cent.

BOGGS

3 — *Port du Havre.*

    Signé.

        Haut., 1 m. 55 cent.; larg., 1 m. 30 cent.

BONVIN (F.)

4 — *Vieille Femme lisant.*

    Signé.

        Haut., 36 cent.; larg., 27 cent.

BOUCHER (École de)

5 — *Le Sommeil*

Haut., 70 cent.; larg., 58 cent.

BROWN (John Lewis)

6 — *Cavaliers.*

Signé.

Haut., 16 cent.; larg., 22 cent.

CHAIGNEAU (F.)

7 — *La Rentrée du troupeau : effet d'orage.*

Signé.

Haut., 60 cent.; larg., 74 cent.

CHENARD-HUCHÉ

8 — *Brumes dans un port.*

Haut., 85 cent.; larg , 71 cent.

CHOCARNE-MOREAU

9 — *Marine.*

Signé.

Haut , 27 cent ; larg , 45 cent

COROT (Attribué à)

10 — *L'Étang.*

Haut , 28 cent. ; larg., 18 cent.

COROT (D'après)

11 — *Paysage.*

Haut , 30 cent.; larg., 22 cent.

COURBET (G.)

12 — *Maisons à Ornans.*

Signé.

Haut., 29 cent.; larg., 39 cent.

CURTIS (Georges)

13 — *Vaches au pâturage.*

Signé.

Haut., 26 cent.; larg., 35 cent.

DAUBIGNY

14 — *Le Moulin.*

Signé.

Haut., 40 cent.; larg., 33 cent.

DAUBIGNY

15 — *Intérieur.*

Haut., 22 cent.; larg., 31 cent.

DAUBIGNY

16 — *Femme couchée vue de dos.*

Haut., 28 cent.; larg., 52 cent.

DE CHAMPEAUX

17 — *Berville-sur-Mer.*

Haut., 23 cent.; larg., 40 cent.

DELPY (H. C.)

18 — *Laveuses.*

Signé.

Haut., 40 cent.; larg., 70 cent.

DELPY (H. C.)

19. — *Soleil couchant.*

  Signé.

      Haut., 45 cent.; larg., 70 cent.

DESPORTES (F.)

20 — *Nymphes.*

      Haut., 18 cent.; larg., 30 cent.

DONAT-GUILLOU

21 — *Ouvriers draguant une rivière.*

  Signé.

      Haut., 19 cent.; larg., 32 cent.

DRÉMONT (A.)
(D'après Vigée-Lebrun)

22 — *La Femme au manchon.*

      Haut., 1 m. 5 cent.; larg., 76 cent.

DUEZ

23 — *Intérieur.*

  Signé.

      Haut., 35 cent.; larg, 27 cent.

DUPRÉ (Attribué à J.)

24 — *Cour de ferme.*

      Haut., 24 cent.; larg., 23 cent.

ÉCOLE DE 1830

25 — *Jeune femme endormie avec un petit chien.
sur ses genoux.*

      Haut., 31 cent.; larg., 39 cent.

FLERS

26 — *Bords de rivière.*
Signé.

Haut., 22 cent.; larg., 39 cent.

FRANÇAIS

27 — *Le Gros arbre.*

Haut., 40 cent.; larg., 54 cent.

FRANÇAIS

28 — *Sous bois.*

Haut., 23 cent.; larg., 35 cent.

FRANÇAIS

29 — *La Mare du Moulin-Neuf à Clisson.*
Signé.

Haut., 46 cent.; larg., 56 cent.

FURT (MAURICE)

30 — *L'Oise à Champagne.*

Haut., 38 cent.; larg., 55 cent.

FURT (MAURICE)

31 — *Vallée de l'Oise, effet de printemps.*

Haut., 38 cent.; larg., 55 cent.

GALLARD-LÉPINAY

32 — *Marine.*
Signé.

Haut., 36 cent.; larg., 52 cent.

GUILLOUX (Ch.)

33 — *Route de Meaux.*

  Signé.

    Haut., 31 cent.; larg., 24 cent.

GUILLOUX (Ch.)

34 — *Maisons-Laffitte.*

  Signé.

    Haut., 43 cent.; larg., 32 cent.

HENNER (D'après)

35 — *Nymphe couchée.*

    Haut., 33 cent.; larg., 46 cent.

HENRI-MARTIN

36 — Étude pour le tableau : *A chacun sa chimère.*

  Signé.
  Dédicace.

    Haut., 46 cent.; larg., 38 cent.

HUBERT-ROBERT

37 — *Pyramide.*

    Haut., 43 cent.; larg., 34 cent.

HUET (Paul)

38 — *Berger et ses moutons.*

    Haut., 27 cent.; larg., 41 cent.

HUGONNET (Loys)

39 — *Surprises.*

  Signé.

    Haut., 95 cent.; larg., 80 cent.

INNOCENTI.

40 — *Paysage avec figures.*

> Haut., 48 cent.; larg., 53 cent.

INNOCENTI

41 — *Paysage avec figures.*

> Haut., 48 cent.; larg., 53 cent.

KLEYN

42 — *Patineurs.*

Signé.

> Haut., 14 cent.; larg., 19 cent.

KLEYN

43 — *Marine.*

Signé.

> Haut., 14 cent.; larg., 19 cent.

LAROLE

44 — *Effet d'automne.*

Signé.

> Haut., 14 cent.; larg., 20 cent.

LÉPINE (S.)

45 — *Le Jardin des Tuileries.*

Signé.

> Haut., 25 cent.; larg., 36 cent.

LUMINAIS (Attribué à)

46 — *Réunion de Chouans.*

> Haut., 33 cent.; larg., 24 cent.

MARCKE (Van)

47 — *Vaches au pâturage.*

Signé.

Haut., 36 cent ; larg., 24 cent.

MATHON

48 — *La Route de Trouville.*

Haut., 24 cent.; larg., 16 cent.

MELBY

49 — *Coucher de soleil.*

Signé.

Haut., 24 cent.; larg., 34 cent.

MELBY

50 — *Effet de brouillard.*

Signé.

Haut., 25 cent ; larg., 35 cent.

MEISSONIER (E.)

51 — *Cavalier.*

Haut., 15 cent.; larg., 12 cent.

MICHEL (Georges)

52 — *Le Moulin.*

Signé.

Haut., 50 cent.; larg., 68 cent.

MICHEL (Georges)

53 — *Le Moulin.*

Haut., 28 cent.; larg., 41 cent.

MICHELET

54 — *Nature morte.*

Signé.

Haut., 42 cent.; larg., 33 cent.

MONTICELLI

55 — *Le Fumeur.*

Signé.

Haut., 65 cent.; larg., 53 cent.

MONTICELLI

56 — *Trois Femmes dans un parc.*

Signé.

Haut., 51 cent.; larg., 31 cent.

OUDRY (Attribué à J.-B.)

57 — *Chasse au cerf.*

Signé.

Haut., 41 cent.; larg., 54 cent.

PAPELEU

58 — *Barbizon. Moutons au pâturage.*

Signé.

Haut., 30 cent.; larg., 41 cent.

PARIS (L.)

59 — *Vaches au pâturage.*

Signé.

Haut., 43 cent.; larg., 56 cent.

PERBOYRE

60 — *Charge de cavalerie.*

Signé.

Haut., 16 cent.; larg., 22 cent.

PIZARO

61 — *Aux Antilles.*

Signé.

Haut., 25 cent.; larg., 33 cent.

REYNAUD

62 — *Jeune Italienne allant à la fontaine.*

Haut., 31 cent.; larg., 23 cent.

RICHET (L.)

63 — *Effet de pluie.*

Signé.

Haut., 63 cent.; larg., 73 cent.

RICHET (L.)

64 — *La Chaumière. Petit pont.*

Signé.

Haut., 62 cent.; larg., 93 cent.

RICHET (L.)

65 — *Ferme au bord d'une mare.*

Signé.

Haut., 62 cent.; larg., 93 cent.

RICHET (L.)

66 — *Pêcheurs sur un lac.*

Signé.

Haut., 63 cent.; larg., 73 cent.

ROQUEPLAN

67 — *Deux Jeunes Filles dans un paysage.*

Signé.

Haut., 46 cent.; larg., 38 cent.

SINET (D.)

68 — *Rochers. Forêt de Fontainebleau.*
    Signé.

Haut., 19 cent.; larg., 19 cent.

TANZI (L.)

69 — *Paysage.*

Haut., 59 cent.; larg., 1 mètre.

TANZI (L.)

70 — *Femme à la rose.*

Haut., 79 cent.; larg., 62 cent.

TOUDOUZE

71 — *Le Golfe de Gênes.*
    Signé.

Haut., 26 cent.; larg., 35 cent.

TROUILLEBERT

72 — *Paysage. La Gardeuse de vaches.*
    Signé.

Haut., 46 cent.; larg., 54 cent.

TROUILLEBERT

73 — *Paysage.*
    Signé.

Haut., 48 cent.; larg., 35 cent.

VEILLET (Alfred)

74 — *La Vue de l'eau à Bonnières.*

VEILLET (Alfred)

75 — *Le Vieux puits, effet de neige.*

VEILLET (ALFRED)

76 — *La Seine, effet d'automne.*

VEILLET (ALFRED)

77 — *L'Eure à Ivry-la-Bataille.*

VEILLET (ALFRED)

78 — *Bennecourt.*

VEILLET (ALFRED)

79 — *La Roche-Guyon, vieille tour.*

VINCELET (VICTOR)

80 — *Pivoines.*
　　　Initiales.
　　　　　　Haut., 55 cent.; larg., 46 cent.

VOGLER (P.)

81 — *Effet de neige.*
　　　Signé.
　　　　　　Haut., 50 cent.; larg., 66 cent.

ZIEM

82 — *Vue de Constantinople : La Corne d'or, soleil couchant.*
　　　Signé.
　　　　　　Haut., 42 cent.; larg., 54 cent.

ZIEM

83 — *La Promenade sur la grève.*
　　　Signé.
　　　　　　Haut., 50 cent.; larg., 62 cent.

INCONNU

84 — *Allégorie*.

Haut., 64 cent.; larg., 75 cent.

INCONNU

85 — *Marine*.

Haut., 20 cent.; larg., 31 cent.

INCONNU

86 — *Paysage*.

Signé : *Bovy, 78.*

Haut., 45 cent.; larg., 65 cent.

INCONNU

87 — *Paysage*.

Signé à droite : *H. 1868.*

Haut., 50 cent.; larg., 60 cent.

INCONNU

88 — *Pêcheurs au bord de la grève*.

Haut., 24 cent.; larg., 45 cent.

AQUARELLES

DESSINS, PASTELS

AQUARELLES

BOUDIN (E.)

89 — *Plage.*

Haut., 23 cent.; larg., 39 cent.

BROWN (JOHN LEWIS)

90 -- *Cavalier.*

CICERI

91 — *Neuf aquarelles dans un même cadre.*

FLEURY (LÉON)

92 — *Rue de Village.*

Haut., 15 cent.; larg., 21 cent.

GARNERY (H.)

93 — *La Place de l'Église.*

Haut., 14 cent.; larg., 11 cent.

GUYS (CONSTANTIN)

94 — *Bavardages, intérieur de Cabaret.*

Haut., 20 cent.; larg., 22 cent.

GUYS (Constantin)

95 — *Dans la Rue.*

> Haut., 17 cent.; larg., 12 cent.

GUYS (Constantin)

96 — *Servante de Brasserie.*

> Haut., 40 cent.; larg., 24 cent.

GUYS (Constantin)

97 — *La Conversation.*

> Haut., 32 cent.; larg., 21 cent.

LÖDDER

98 — *Pêcheur.*
Signé.

> Haut., 46 cent.; larg., 32 cent.

LONGUET

99 — *Le Balayeur.*

> Haut., 23 cent.; larg., 18 cent.

MAHELIN

100 — *Marine.*
Signé.

> Haut., 24 cent.; larg., 38 cent.

NOEL (Jules)

101 — *Bateau de pêche.*
Signé:

> Haut., 13 cent.; larg., 23 cent.

WILDER

10: — *Église de Bretagne.*

Signé

Haut., 32 cent.; larg., 50 cent.

WILDER

1.3 — *Vieilles Maisons de village breton.*

Sig é.

Haut., 33 cent.; larg., 50 cent.

WILDER (A.)

104 — *Marché en Bretagne.*

Signé.

Haut., 32 cent.; larg., 42 cent.

DESSINS

BOUGUEREAU

105 — *Faune et nymphes.*

> Haut., 32 cent.; larg., 23 cent.

CHÉRET

106 — *Maquette d'affiche pour l'Hippodrome.*
Signé.

> Haut., 60 cent.; larg., 45 cent.

DAUBIGNY

107 — *Sous bois.*
Signé.

> Haut., 25 cent.; larg., 32 cent.

ÉCOLE FRANÇAISE (XVIIIe siècle)

108 — *Jeune Femme aux cheveux poudrés.*

> Haut., 41 cent.; larg., 30 cent.

FANTIN-LATOUR

109 — *Charité.*
Reproduit dans le livre *Aux Victimes*. Édition
d'Art, 1904.
Signé.

> Haut., 45 cent.; larg., 31 cent.

FRANÇAIS

110 — *Paysage.*
Signé.

> Haut., 37 cent.; larg., 49 cent.

HENRI-MARTIN

111 — Étude pour le tableau *Sérénité* qui est au Luxembourg.

Monogramme.

Haut., 50 cent.; larg., 33 cent.

HENRI-MARTIN

112 — *Porteuse.* Étude pour la décoration de la Caisse d'Épargne de Marseille.

Signé.

Haut., 50 cent.; larg., 33 cent.

HERMANN (PAUL)

113 — *Pitré.*

Signé.

Hant., 30 cent.; larg., 45 cent.

INGRES (École de)

114 — *Portrait d'Homme.*

Haut., 32 cent.; larg., 35 cent.

ISABEY

115 — *Bateaux de pêche.*

Cachet de la vente.

Haut., 18 cent.; larg., 39 cent.

KAEMMERER

116 — *Bédouine.*

Cachet de la vente.

Haut., 40 cent.; larg., 23 cent.

LEGROS

117 — *Masque de faune.*

> Haut., 42 cent.; larg., 33 cent.

LE SIDANER

118 — *Petite Paysanne.*

Signé.
> Haut., 27 cent.; larg., 21 cent.

MEISSONIER (E.)

119 — *Feuille de croquis.*

> Haut., 21 cent.; larg., 28 cent.

MEISSONIER (E.)

120 — *Divers croquis.*

> Haut., 21 cent.; larg , 28 cent.

MEISSONIER (E.)

121 — *Polichinelle.*

Monogramme.
> Haut., 20 cent.; larg., 14 cent.

MILLET (Attribué à J.-F.)

122 — *Cheval de ferme attelé.*

> Haut., 25 cent.; larg., 20 cent.

REYNOLDS

123 — *Gravure originale.*

REGNAULT (H.)

124 — *Napolitaine.*

Signé.

Haut., 38 cent.; larg , 26 cent.

STEINLEN

125 – *A Seize ans, par* Guy de Maupassant.

Haut., 35 cent.; larg., 23 cent.

STEINLEN

126 — Pour le *Gil Blas*, illustrant la chanson :
Tes Yeux.

Signé.

Haut., 34 cent.; larg., 22 cent.

STEINLEN

127 — *Femme endormie.*

Signé.

Haut., 5o cent.; larg., 61 cent.

STEINLEN

128 — *Ouvriers et chemineaux.*

Signé.

Haut., 31 cent.; larg., 38 cent.

TASSAERT (Octave)

129 — *Sarah la Baigneuse.*

VEYRASSAT

130 — *Étude de cheval.*

Initiales.

Haut., 11 cent.; larg., 14 cent.

WILLETTE

131 — Croquis pour le programme de la *Vachal-cade.*

Haut., 21 cent.; larg., 30 cent.

PASTELS

BOUDIN

132. — *Bateaux.*

        Haut., 15 cent.; larg., 21 cent.

TEN CATE

133. — *Paysage, avec village dans le fond.*
Signé

        Haut., 39 cent.; larg., 46 cent.

INCONNU

134. — *Tête de Jeune Fille.*

        Haut , 25 cent.; larg., 20 cent.

TABLEAUX ANCIENS

DE DIVERSES ÉCOLES

DOYEN

135 — *Les Pestiférés de Paris invoquant Sainte-Geneviève.*

> Haut., 67 cent.; larg., 52 cent.

ÉCOLE ESPAGNOLE

136 — *L'Annonciation.*

Panneau.

> Haut., 5, cent.; larg., 60 cent.

ÉCOLE FLAMANDE

137 — *L'Alchimiste.*

Cadre doré.

> Haut , 65 cent.; larg , 48 cent.

ÉCOLE FLAMANDE

138 — *Tentation de Marie-Magdeleine ou les Sept Péchés capitaux.*

> Haut., 59 cent.; larg., 90 cent.

ÉCOLE ITALIENNE

139 — *Moine en extase.*

> Haut , 67 cent.; larg., 52 cent.

ÉCOLE ITALIENNE

140 — *Portrait de Femme.*

Cadre en bois sculpté.

Haut., 80 cent.; larg., 30 cent.

OUDRY (Genre de)

141 — *Chiens et canards au bord d'un étang.*

Haut., 1 m. 5 cent.; larg., 1 m. 25 cent.

VAN DICK (Attribué à)

142 — *Moine en méditation.*

Haut., 60 cent.; larg., 46 cent.

WATTEAU DE LILLE (Attribué à)

143 — *Deux tableaux.*

Cadres en bois sculpté.

INCONNU

144 — *Deux tableaux.*

Haut., 70 cent.; larg., 1 m. 15 cent.

INCONNU

145 — *Évêque lisant, un ange tenant la crosse et le mitre.*

Haut., 59 cent.; larg., 45 cent.

INCONNU

146 — *Paysage, coucher de soleil.*

Signé à droite : *J. A.*

Haut., 42 cent.; larg., 64 cent.

INCONNU

147 — Paysage.

Haut., 52 cent.; larg., 64 cent.

INCONNU

148 — *L'Adoration des Roys.*

Cadre en bois sculpté.

INCONNU

149 — *Saint Donatus.*

Cadre en bois.

INCONNU

150 — *Saint Gérôme.*

INCONNU

151 — *Vierge et Enfant.*

INCONNU

152 — *Paysage.*

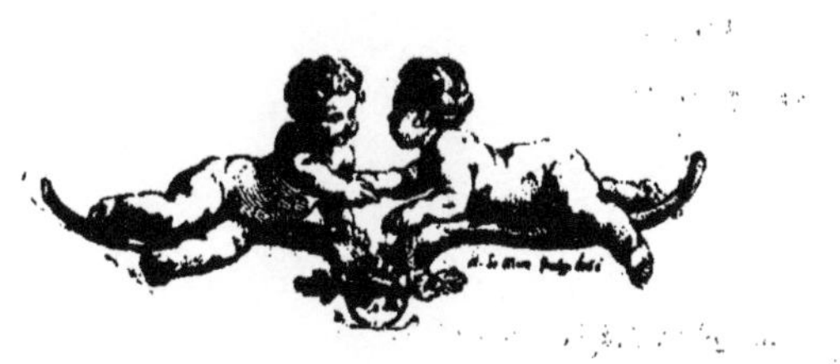